Roy Publicae

Wahlbetrug

Roy Publicae

Wahlbetrug

Jahrhundertwahl

Dictus Publishing

Imprint

Cover image: www.ingimage.com

Publisher:
Dictus Publishing
is a trademark of
International Book Market Service Ltd., member of OmniScriptum Publishing Group
17 Meldrum Street, Beau Bassin 71504, Mauritius
Printed at: see last page
ISBN: 978-613-7-35399-8

Inhaltsverzeichnis:

I. Einstieg:

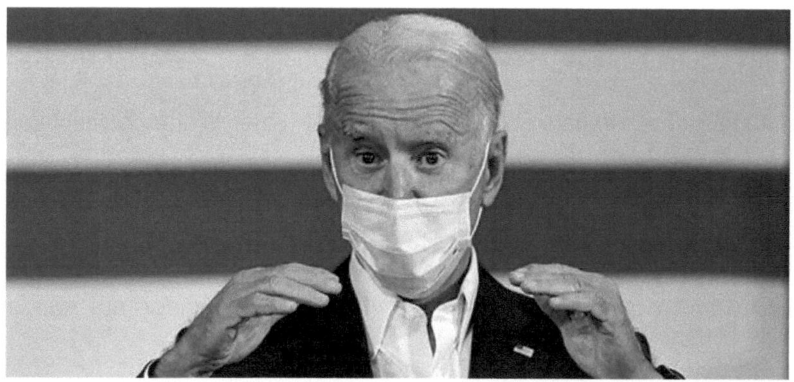

Jahrhundertwahl: Wall Street setzt auf Biden - diese Aktien dürften von einem Wahlsieg der Demokraten profitieren[1]

Joe Biden hat beste Chancen, Präsident der USA zu werden. Warum die Wall Street den Favoriten ins Herz geschlossen hat.

Donald Trump hat eine Vorahnung: "Vielleicht muss ich das Land verlassen", orakelte der US-Präsident auf einer Wahlkampfveranstaltung im Bundesstaat Georgia. Zumindest seinen Wohnsitz in der Pennsylvania Avenue von Washington wird Trump wohl räumen müssen.

---

[1] Vgl. https://www.boerse-online.de/nachrichten/aktien/jahrhundertwahl-wall-street-setzt-auf-biden-diese-aktien-duerften-von-einem-wahlsieg-der-demokraten-profitieren-1029711129

In den Umfragen zu der für den 3. November angesetzten Präsidentschaftswahl liegt Herausforderer Joseph "Joe" Biden von den Demokraten deutlich vorn. Der auf Wahlprognosen spezialisierte Statistiker Nate Silver sieht eine Wahrscheinlichkeit von 87 Prozent, dass vor dem Weißen Haus bald die Umzugswagen vorfahren. Auf der Basis der Umfragen in den Bundesstaaten hat Biden mit hoher Wahrscheinlichkeit 232 Wahlmänner auf seiner Seite, Trump lediglich 125. Der Herausforderer ist der für den Sieg notwendigen Schwelle von 270 also deutlich näher als der Amtsinhaber.

Börsianer drücken bei Wahlen gewöhnlich den Republikanern die Daumen, weil diese mehr Verständnis für die Wünsche von Corporate America haben. Nach Trumps Amtsantritt kürzten die Republikaner den Spitzensteuersatz für Unternehmen von 35 auf 21 Prozent. Die Gewinne der Mitglieder des Aktienindex S & P 500 schossen daraufhin 2018 um knapp 23 Prozent nach oben, doppelt so stark wie im Vorjahr.

Aktuelle Informationen, gründliche Recherchen, konkrete Empfehlungen: €uro am Sonntag weiß, wie die Finanzwelt funktioniert.

Die Demokraten wollen die Steuersenkungen zumindest teilweise zurückdrehen. Biden stellt einen Spitzensatz von 28 Prozent in Aussicht. Analysten kalkulieren, dass die Unternehmensgewinne im S & P 500 in diesem Fall um neun Prozent schrumpfen. Die meisten US-Aktien würden also schlagartig teurer und damit unattraktiver. Das ist aber nur ein Teil der Gesamtrechnung.

Prozent-Rechnung

Die Investmentbank Goldman Sachs rechnet vor, dass die Politik eines Präsidenten Biden mit Unterstützung einer demokratischen Mehrheit in beiden Kammern des Kongresses unter dem Strich sogar einen "bescheiden positiven" Einfluss auf die Entwicklung der Unternehmensgewinne haben könnte.

Zum einen würden die Demokraten angesichts der schlechten Wirtschaftslage Steuererhöhungen erst ab dem Jahr 2022 starten und den Spitzensatz dann lediglich auf 25 Prozent aufstocken. Die Gewinne im S & P 500 würden somit nur um fünf Prozentpunkte gedrückt.

Außerdem werden der höheren Steuerlast wahrscheinlich positive Effekte staatlicher Investitionsprogramme entgegenstehen. Sehr schnell würde ein von den Demokraten kontrollierter Kongress ein Konjunkturpaket verabschieden. Zusammen mit weiteren Maßnahmen, etwa Investitionen in die Infrastruktur, könnten die Demokraten über mehrere Jahre verteilt etwa sieben Billionen Dollar in die Wirtschaft pumpen, kalkuliert Goldman Sachs. Auch eine Entspannung im Handelsstreit mit China würde vielen Unternehmen helfen.

Mittelfristig dürften ohnehin andere Themen die Richtung der Aktienmärkte bestimmen - vor allem der Kampf gegen die Corona-Krise, die Bewältigung der wirtschaftlichen Schäden der Pandemie und die Zinspolitik der Notenbank. Wirklich gefährlich für die Aktienmärkte dürfte nur ein Szenario sein: eine Wahl ohne klaren Sieger.

Allein durch die diesmal ungewöhnlich hohe Anzahl der Briefwähler könnte sich die Auszählung über mehrere Tage strecken, das Ergebnis in etlichen Staaten kippen und Verschwörungs-Theorien befeuern. Einen Vorgeschmack auf die Reaktion der Aktienmärkte gibt der November des Jahres 2000, als das Rennen zwischen George W. Bush und Al Gore über mehrere Wochen in der Schwebe hing, weil es in Florida Probleme bei der Auszählung gab.

Damals verlor der S & P 500 bis Dezember fast elf Prozent. Allein die Tatsache, dass es am Abend des 3. November eine klare Tendenz gibt, würde von den Aktienmärkten darum wohl als gute Nachricht aufgenommen. Welche Auswirkungen also würde ein Biden-Sieg auf die Aktienkurse wichtiger Branchen haben? Hier ein Überblick.

Energie

Für den Energiesektor bedeutet eine Präsidentschaft von Joe Biden eine echte Kehrtwende. Im Gegensatz zu Trump will er, dass die USA ihren Beitrag zum Klimaschutz leisten, so wie es im Pariser Abkommen festgelegt ist. "Joe Bidens Präsidentschaft wird sich extrem positiv auf den Ausbau einer grünen Infrastruktur auswirken, insbesondere, wenn die Demokraten auch den Kongress gewinnen", sagt Randeep Somel, Aktienfondsmanager bei M & G Investments. Bidens New Green Deal sieht Ausgaben von zwei Billionen Dollar über vier Jahre vor, um die US-Stromversorgung bis 2035 CO_2-neutral zu machen und bis 2050 die Klimaneutralität des Landes zu erreichen. Das wird massive Investitionen in regenerative Energieerzeugung und Atomkraft nach sich ziehen. Vier Millionen Geschäftsgebäude und zwei Millionen Privathäuser sollen energetisch saniert werden - bei der teilweise lächerlichen Energieeffizienz amerikanischer Haushalte ein Feld, in dem sich viel CO_2 einsparen lässt. Zudem sieht der Plan vor, 1,5 Millionen nachhaltige Häuser zu bauen und Städte über 100.000 Einwohnern in zehn Jahren mit einem öffentlichen Nahverkehrssystem auszustatten.

Im Gegenzug schaut die US-Öl- und -Gasindustrie in die Röhre. Auch wenn eine Regierung Biden sich vielleicht nicht direkt gegen die fossile Energiebranche stellen wird - Bidens Heimatstaat Pennsylvania ist Standort vieler Ölfelder -, reichen schon die aus dem Pariser Klimaabkommen abgeleiteten Verpflichtungen, um so manche Quelle unrentabel werden zu lassen. Analysten verweisen zudem darauf, dass Biden eher kein Unterstützer des OPEC-Plus-Deals sein wird, der die Ölpreise stabilisieren soll. Stattdessen könnte er das Atomabkommen mit Iran wiederbeleben, mit der Folge, dass Iran wieder Öl exportieren dürfte. Beides würde den Ölpreis belasten.

Gesundheit

Das amerikanische Gesundheitssystem ist kompliziert und extrem teuer. Während Bürger mit guter Krankenversicherung (in der Regel über den Arbeitgeber) Zugang zu den besten und neuesten Behandlungen erhalten, können sich viele Millionen Amerikaner nur ein Minimum an Gesundheitsversorgung leisten, weil sie keinen Versicherungsschutz haben. Für Medikamente gibt es kaum Preisgrenzen, der US-Markt ist daher für die Pharmaindustrie der lukrativste der Welt. Die Betonung von Eigenverantwortung und weitgehend marktwirtschaftlicher Organisation gehört ein Stück weit zur DNA der Amerikaner, besonders der Republikaner.

Während einerseits der Unmut in der Bevölkerung über die Kosten wächst, will daher insbesondere die republikanische Parteielite unbedingt Regulierung vermeiden. Die Konsequenz dieser Interessensunterschiede: Es ist sehr schwer, etwas am amerikanischen Gesundheitssystem zu verändern. Nur unter größten Anstrengungen hat Barack Obama seine Gesundheitsreform durchsetzen können. Trump ist es weder gelungen, Obamacare abzuschaffen, noch haben seine Versuche, die Medikamentenpreise zu senken, durchschlagenden Erfolg. Insofern sehen Analysten einem Wahlsieg Bidens entspannt entgegen.

Obwohl er sich für Preisregulierung und eine Erweiterung von Obamacare einsetzt, glauben die Experten allenfalls an moderate Auswirkungen auf die Aktienkurse im Sektor, erst recht, wenn die Republikaner sich im Kongress behaupten. "Die zunehmende Spaltung zwischen den Parteien und die Komplexität des Themas sind große Hürden für Gesetzesinitiativen, die einen spürbaren Einfluss auf die Biopharma-Branche hätten", sagt Brian Abrahams, Analyst bei RBC Capital Markets.

Das wahrscheinlichste Szenario ist deshalb, dass Gesundheitstitel im Umfeld des Wahltermins aufgrund der Unsicherheit vorübergehend unter Druck geraten. Danach werden mit den erwarteten Fortschritten in der Covid-Impfstoff- und -Medikamentenentwicklung wieder fundamentale Themen im Vordergrund stehen.

Technologie

Die großen US-Techkonzerne sind die klaren Gewinner der Aktienmarktrally. Seit Trumps Amtsantritt im Januar 2017 haben die fünf dominierenden Unternehmen Apple, Microsoft, Amazon, Alphabet und Facebook ihren Wert mehr als verdreifacht. Das hat viele Gründe, einer davon sind

Steuergeschenke der Regierung. Allein schon aufgrund ihrer außergewöhnlich hohen Profitabilität haben die Top-Performer viel zu verlieren, wenn eine Biden-Regierung die Abgaben erhöht.

Auch der regulatorische Druck auf Big Tech nimmt zu. Der Wahlkampf liefert viele neue Beispiele, wie Facebook, Twitter und die Alphabet-Tochter Youtube als Propagandaplattformen für Extremisten dienen. Das Justizministerium hat ein Kartellverfahren gegen die Alphabet-Tochter Google eingeleitet. Die Marktmacht der Riesen wird auch im Lager der Demokraten kritisch gesehen: "Sollten die Demokraten Senat und Repräsentantenhaus für sich gewinnen, steigt das Risiko neuer Kartellgesetze, die es einfacher machen könnten, gegen diese Unternehmen vorzugehen", kalkuliert die Investmentbank JP Morgan. Eine Aufspaltung könnte sich aus Sicht der Aktionäre letztlich aber positiv auswirken. Das Analysehaus Needham schätzte unlängst, dass Alphabet in seine Einzelteile zerlegt 20 bis 30 Prozent mehr wert sei als in der aktuellen Konglomeratsstruktur.

Der Techsektor dürfte auch von staatlichen Investitionen profitieren, etwa für den Aufbau des 5G-Netzes. Eine Wende in der Einwanderungspolitik würde Silicon Valley helfen, ausländische

Talente anzuwerben. Die Corona-Krise wiederum sollte auch längerfristig das Geschäft vieler Techfirmen ankurbeln. Gegenwind aus Washington muss also den Aktienkursen der Riesen nicht unbedingt schaden. Die Analysten von RBC Capital sehen einen Sieg der Demokraten für die Techs als ein nur leicht negatives Ereignis.

Zykliker

Als Donald Trump nach seinem Wahlsieg 2016 vor die TV-Kameras trat, kündigte er große Investitionen an: Man werde die Innenstädte reparieren, die Highways, Brücken, Tunnel, Flughäfen und Krankenhäuser sanieren. Passiert ist wenig. Den Republikanern waren Steuersenkungen wichtiger. Keine unterschriebenen Gesetze, hakt JP Morgan in einer Analyse der Trump-Bilanz den Bereich Infrastruktur schnell ab.

Bei den Demokraten hat das Thema einen höheren Stellenwert. Zwei Billionen Dollar will Biden in Infrastrukturprojekte stecken. Das Wahlprogramm des Herausforderers erinnert an Trumps damalige Versprechen: Von bröckelnden Straßen und Brücken ist die Rede. Einen klaren Schwerpunkt aber setzt Biden auch bei umweltfreundlichen Projekten, etwa dem Ausbau des öffentlichen

Nahverkehrs oder dem Aufbau von Ladestationen für Elektroautos. Sollten die Republikaner ihre Mehrheit im Senat verteidigen, würden Investitionsprojekte wohl am ehesten eine die Parteigrenzen übergreifende Mehrheit finden. "Die Verabschiedung eines Infrastrukturgesetzes im Jahr 2021 wird für beide Parteien hohe Priorität haben", kalkuliert die Fondsgesellschaft Franklin Templeton.

Neben der Baubranche dürften dabei auch andere Bereiche profitieren. Die Analysten von Bloomberg Intelligence sehen auch Telekomkonzerne, Techs und Stromnetzbetreiber als potenzielle Gewinner einer Infrastruktur-Offensive. Große Förderprogramme hätten zudem einen breiteren Effekt auf die Wirtschaft. Verstärkt könnte diese Dynamik durch einen Corona-Impfstoff werden. Goldman Sachs erwartet, dass die US-Gesundheitsbehörde mindestens einen Impfstoff noch in diesem Jahr zulässt. Das würde vor allem ein generell gutes Umfeld für zyklische Branchen schaffen.

Waffen & Drogen

Eine Pandemie, Krawalle in US-Großstädten, verstörende Verschwörungstheorien - für Hersteller von Schusswaffen ist das ein perfektes Umfeld. Der Umsatz von Smith & Wesson hat sich im vergangenen Quartal mehr als verdoppelt. Für die Ballerbranche steht bei der Präsidentschaftswahl viel auf dem Spiel: Trump hat der Waffenlobby seine Unterstützung zugesichert. Biden will strenge Regulierungen, darunter Verbote von Angriffswaffen. Ein Wahlsieg der Demokraten wäre für Aktionäre der Waffenhersteller darum das beste Szenario. Dann nämlich würden Waffennarren in Erwartung schärferer Gesetze aufrüsten. Trump steht dagegen für Entwarnung. Am Tag nach seinem Sieg vor vier Jahren brach die Aktie von Smith & Wesson um 15 Prozent ein.

Mit Aufregung verfolgen auch Aktionäre einer andere Randbranche die Wahl: Bidens Vize-Kandidatin Kamala Harris bekräftigte, dass man Marihuana entkriminalisieren wolle. Das Analysehaus Cantor Fitzgerald sieht "signifikantes" Aufwärtspotenzial für den Sektor, falls die Demokraten neben dem Weißen Haus in beiden Kammern die Mehrheit erobern. Details sind aber noch sehr nebulös, die Aktien aus diesem Bereich extrem riskant.

INVESTOR-INFO

Energie

Billionen für die Infrastruktur

Ein riesiges Konjunkturpaket soll helfen, die marode US-Infrastruktur zu sanieren. Der Fokus liegt dabei auf der Reduktion der CO2-Emissionen. Der Fonds BNP Paribas Energy Transition setzt weltweit auf Gewinner der Energiewende - und das höchst erfolgreich. Enphase Energy liefert intelligente Softwaregesteuerte Hausenergiesysteme. First Solar ist ein führender US-Photovoltaikanbieter.

Gesundheit

Vorübergehendes Geplänkel

Die Regulierungsangst dürfte bald der Einsicht weichen, dass sich so schnell und so tiefgreifend nichts ändern wird. Laborzulieferer wie Thermo Fisher profitieren davon, dass eine Regierung Biden wahrscheinlich die Forschungsförderung erhöhen wird. Fundamental kann Pharmariese Pfizer punkten, nicht zuletzt mit einem Covid-Impfstoff. Der RIM Global Bioscience Fonds setzt auf innovative mittelgroße und kleine Healthcare-Firmen.

Technologie

Auswahl wird wichtiger

Für die großen Techs könnte das Leben unter Biden schwerer werden. Gegen regulatorische Eingriffe am besten abgesichert unter Big Tech sollte Microsoft sein. Mobilfunkchipentwickler Qualcomm verfügt über ein starkes 5G-Portfolio und sollte darum von Investitionen in die Infrastruktur profitieren. Der Aktienfonds Vontobel Clean Technology setzt auf Techs, die Lösungen etwa für sauberes Wasser und Energie anbieten. 45 Prozent waren zuletzt in US-Aktien investiert, Top-Positionen sind Synopsys und Nvidia.

Name	ISIN	Kursentw.	1
Microsoft	US5949181045	57,2	%
Qualcomm	US7475251036	68,9	%
Vont. Clean Tech	LU0384405949	24,6	%

Zykliker

Aufschwung-Spezialisten

In den ersten zwölf Monaten nach Trumps Wahlsieg stieg die Aktie des Baumaschinenherstellers Caterpillar fast dreimal so stark wie der S & P 500. Jetzt könnte die Rally von den Demokraten und der Aussicht auf einen Bauboom unter Biden angeheizt werden. Von einer durch staatliche Investitionen angetriebenen Wirtschaftserholung würden auch andere Zykliker wie der Industriekonzern Honeywell profitieren. Eine Beschleunigung der US-Wirtschaft und steigende Inflationserwartungen müssten Value-Aktien befeuern, die oft aus zyklischen Branchen kommen.

Name	ISIN	Kursentw. [1]
Caterpillar	US1491231015	31,8 %
Honeywell	US4385161066	5,8 %
iShares US Value	IE00BD1F4M44	-4,2 %

Waffen & Drogen

Wo es knallt

Hersteller von Schusswaffen haben in den USA Hochkonjunktur. Analysten erwarten, dass sich der operative Gewinn von Smith & Wesson im laufenden Geschäftsjahr verdoppelt, danach aber wieder normalisiert. Die Aktie ist auch aufgrund der deutlich gestiegenen Kurse ein kurzfristiger Zock. Extrem volatil sind Aktien von Cannabis-Herstellern. In dieser jungen Branche wird meist Geld verbrannt, das regulatorische Umfeld ist schwierig. Zu den prominenten Firmen gehört Canopy Growth, ein Hersteller von medizinischem Marihuana aus Kanada.

Name	ISIN	Kursentw.[1]
Smith & Wesson	US8317541063	+220,5 %
Canopy Growth	CA1380351009	-1,13 %

Biden-Zertifikat

25 Gewinner im Paket

Der Vermögensverwalter Vontobel hat einen Basket mit 25 Aktien erstellt, die von einem Wahlsieg Joe Bidens profitieren sollten. Enthalten sind Versorger wie Nextera, Rohstoffwerte wie Vulcan Materials, Konsumgüterhersteller wie Colgate-Palmolive, Industrietitel wie Honeywell, der Gesundheitssektor u. a. durch Thermo Fischer. Bis zum 2. November können Anleger ein Zertifikat auf den Basket zeichnen (ISIN: DE 000 VP8 0JB 0). Emittiert wird das Produkt drei Tage später, aber nur wenn Biden die Präsidentschaftswahl gewonnen hat. Das Zertifikat läuft ein Jahr.

II. **Investition:**

„-Achtung: Wahlbetrug!

https://www.watergate.tv/wahlbetrug-in-den-usa-trump-lag-vorne-dann-stoppten-die-auszaehlungen/"[2]

[2] Vgl. https://www.geistheiler-sananda.net/blog-aktuell/

„-Achtung: REPTO der Woche:

https://www.welt.de/politik/ausland/article174793761/Joe-Biden-kritisiert-Donald-Trump-Haette-ihn-gruen-und-blau-geschlagen.html“[3]

[3] Vgl. https://www.geistheiler-sananda.net/blog-aktuell/

„-Achtung: Ja, es ist vollbracht! Die Toten haben ihren Totengräber gewählt! Oder waren es die vielen Milliarden, die Soros und Gates, Musk und Bezos und Co. GEGEN Trump investiert haben? Der grösste Wahlbetrug der Geschichte überhaupt hat da gerade stattgefunden, und fast alle haben mitgewirkt, inkl. der US-Post! […] Trump hat mich interessiert, da er ein Indigo ist, und noch nie [in] der Geschichte ein US-Präsident weltweit so bekämpft, verhöhnt und verschmäht worden ist! Er war anders als die anderen Politiker. Der Gegenwind war zu stark! Er musste weg, ich sagte es […], dass SIE ihn mit aller Gewalt weghaben wollen! Er war die letzte Bastion für alle ERWACHTEN in der Weltpolitik. Zumal sich Putin ja total zurückgezogen hat, und das gleiche Spiel mit dem Virus spielt wie alle anderen auch! Trump war anders! Er wird uns fehlen. Ich bin ehrlich gesagt ein wenig geschockt. Der kinderliebe und schwerkranke Greis Biden wird es keine 4 Jahre machen! Ich sehe […] den Zerfall seines Gehirns! Nun, was bedeutet diese Wahl für dich? […] Es wird sich für dich NICHTS ändern! Die Leiche Biden wird alles rückgängig machen, was Trump aufgebaut hat. Die NATO und die WHO haben bald wieder einen alten Verbündeten. Für den Weltfrieden ist das nicht gerade gut! Letztendlich wird sich für uns hier in Mitteleuropa aber nichts ändern! Ihr werdet so oder so von

euren Regierungen eingesperrt und zwangsgeimpft werden, sowie gechippt werden! Ich schrieb es schon so oft, dass kein Trump, kein Qanon euch retten wird! Ihr selbst seid es, die etwas verändern müssen! Du dunkle Reptowelt atmet auf! Der letzte Gegner des Deep State ist nun endlich ausser Gefecht gesetzt! SIE haben sich auch alle Mühe gegeben! Die Seelenlosen dieser Welt freuen sich, tanzen mit ihren Masken auf den Strassen! Sie haben ja keine Ahnung, wen sie da feiern! Deutschland macht währenddessen neue Corona-Gesetze, um die Bürger auch nachhaltig und langfristig einzusperren und zu entrechten. Unter dem Deckmantel des Corona-Virus! SIE werden nun die Zange immer mehr zuziehen. Eure Freiheiten gehen Tag für Tag den Bach runter, während ihr dem Trump nachweint! […] Dieses Gesamtbewusstsein [der Masse] ist leider immer tiefer gesunken. Darum hat die Geistige Welt Trump nun abgezogen! Die Menschen wollten keine bessere Welt, haben sich für die andere Variante entschieden, für die REPTO-Variante! Ob nun Wahlbetrug hin oder her! Die Menschen dieser Welt haben sich aufhetzen lassen gegen Trump, sich blenden lassen von den Medien. Diese werden von den neuen US-Präsidenten Soros und Gates bezahlt. Biden ist nur eine Puppe im Spiel der Kinderfresser Soros und Gates, Obamas und Clintons Pizzagate! Ja, böse Welt!

Es sieht wahrlich nicht gut aus! Das wird nicht schön, was da auf uns alle zukommt! Auch, wenn am Ende alles gut wird, es ist noch ein langer Weg zum Ende! Und kein schöner! Ihr werdet es leider bald zu spüren bekommen. Lasst euch nicht weiter ablenken! Ihr habt bald genug eigene Probleme in Europa! Es wird um euer Überleben und eure Existenzen gehen! Daran würde auch ein nachträglicher Sieg Trumps am grünen Tisch nichts ändern!"[4]

[4] Vgl. https://www.geistheiler-sananda.net/blog-aktuell/

III. Machtübergabe:

US-Wahl Newsblog: Altmaier erwartet "schwierigen Prozess" der Machtübergabe[5]

Der Demokrat Joe Biden hat sich bei der US-Präsidentenwahl den Sieg über Amtsinhaber Donald Trump gesichert. Den Berechnungen großer US-Sender und Datenanbietern zufolge wird Biden der 46. Präsident der USA. Der Republikaner Trump wollte sich aber noch nicht geschlagen geben. Es folgt ein Ticker zu den jüngsten Entwicklungen mit Angaben in mitteleuropäischer Zeit (MEZ):

---

[5] Vgl. https://www.boerse-online.de/nachrichten/aktien/us-wahl-newsblog-altmaier-erwartet-schwierigen-prozess-der-machtuebergabe-1029779493

08.45 Uhr - Bundeswirtschaftsminister Peter Altmaier rechnet nach der US-Wahl mit einem "längeren und schwierigen Prozess", bis die neue Regierung unter dem Demokraten Joe Biden im Amt ist. Damit sei die Hoffnung verbunden, dass die USA sich international wieder stärker engagierten und es möglich werde, Konflikte zu überwinden.

07.45 Uhr - Bundesaußenminister Heiko Maas sieht neue Chancen für die internationale Zusammenarbeit auch mit Blick auf das Atomabkommen mit dem Iran. "Wir müssen da wieder zusammenkommen", sagt er im Deutschlandfunk. In den USA werde es sicherlich eine Diskussion darüber geben, ob man dem Abkommen wieder beitreten solle oder ob es möglicherweise ein erweitertes Abkommen geben werde. "Auch dafür sind wir offen." Man werde gegenüber dem Iran weder beim Atomabkommen noch bei seiner regionalen Rolle etwas erreichen, wenn die USA und Europa völlig unterschiedliche Strategien verfolgten. US-Präsident Donald Trump hatte das Abkommen 2018 einseitig aufgekündigt und wollte den Iran zu einem weiterreichenden Abkommen zwingen, das auch ballistische Raketenprogramme umfasst.

06.55 Uhr - Bundeswirtschaftsminister Peter Altmaier rechnet nach dem Wahlsieg Joe Bidens mit einer Rückkehr zu einem "mehr multilateralen Ansatz" in der Handelspolitik. "Wir brauchen ein großes, ein breites Industrieabkommen zwischen den USA und der Europäischen Union, dieses Angebot liegt auf dem Tisch", sagt der CDU-Politiker im Deutschlandfunk. Es gebe das Interesse, dass die Handelspolitik "in geordnete Bahnen zurückkehrt". Zu den wichtigsten Perspektiven gehöre Bidens Ankündigung, zum Pariser Klimaabkommen zurückzukehren. Allerdings sei er ein wenig besorgt, dass die Hängepartie noch einige Monate weitergehen werde. "Wir werden vermutlich erst im Frühjahr wissen, in welche Richtung die Reise geht."

04.37 Uhr - Donald Trump fordert weiter in mehreren US-Bundesstaaten die Neuauszählung der Stimmen. Seine bislang unbegründete Anschuldigung des Wahlbetrugs wolle er mit Todesanzeigen Verstorbener belegen, deren Stimme dennoch gezählt worden sei, erklärt Trump. Zudem wolle Trump seine Anhänger mit Veranstaltung im Stile seiner großen Wahlkampf-Events zur Unterstützung bei den angetrebten Rechtsstreitigkeiten aufrufen, kündigt Trumps Wahlkampfsprecher Tim Murtaugh an.

02.34 Uhr - Joe Biden will das unter Donald Trump aufgesetzte Impfstoffprogramm "Operation Warp Speed" fortführen. "Wie wir bereits im September gesagt haben, haben die medizinischen Berater Briefings von Unternehmen erhalten, die an der Herstellung von Impfstoffen arbeiten", sagt Bidens Sprecher Andrew Bates. Biden setze sich dafür ein, so schnell wie möglich zur Entwicklung eines sicheren und wirksamen Coronavirus-Impfstoffs beizutragen. Daher habe er sich bereits vor der Wahl mit den führenden Arzeimittelherstellern getroffen.

02.02 Uhr - Der japanische Premierminister Yoshihide Suga erklärt, er wolle mit dem gewählten Präsidenten Joe Biden zusammenarbeiten, um das Bündnis zwischen Japan und den Vereinigten Staaten zu stärken und Frieden und Wohlstand in der indopazifischen Region zu sichern.

01.36 Uhr - Chinesische Staatsmedien regieren optimistisch auf den Sieg des Demokraten Joe Biden. "Es liegt im gemeinsamen Interesse der Menschen aus beiden Ländern und der internationalen Gemeinschaft, dass die Beziehung zwischen China und den USA verbessert und verlässlich wird", schreibt die staatlich geförderte Zeitung Global Times zum Wahlsieg Bidens. Die Wiederbelebung der Handelsgespräche sei entscheidend, um das Verständnis und das Vertrauen in die Beziehung zwischen China und den USA wiederherzustellen, berichtet China Daily, die offizielle englischsprachige Zeitung des Landes.

01.01 Uhr - Im US-Bundesstaat Arizona liegt dem Datenanbieter Edison Research zufolge nach Auszählung von 98 Prozent der Stimmen Biden mit 49,5 Prozent knapp vor Trump mit 49,0 Prozent.

IV. Stolz:

US-Wahl Newsblog - Obama - "Ich könnte nicht stolzer sein"[6]

In den USA steht das Ergebnis der Präsidentenwahl weiter nicht fest. Es bleibt ein Kopf-an-Kopf-Rennen zwischen Amtsinhaber Donald Trump und seinem Herausforderer Joe Biden. In mehreren Bundesstaaten wird weiter gezählt. Es folgt ein Ticker mit Angaben in mitteleuropäischer Zeit (MEZ):

19.17 Uhr - Der ehemalige US-Präsident Barack Obama gratuliert seinem früheren Vize-Präsidenten Biden. "Ich könnte nicht stolzer sein", schreibt Obama auf Twitter

[6] Vgl. https://www.boerse-online.de/nachrichten/aktien/us-wahl-newsblog-obama-ich-koennte-nicht-stolzer-sein-1029777336

https://twitter.com/BarackObama/status/1325136780396437507. Nun müsse jeder seinen Beitrag leisten, um "die Temperatur zu senken und um einen gemeinsamen Ausgangspunkt finden, um vorwärts zu kommen".

19.02 Uhr - Bundeskanzlerin Angela Merkel gratuliert Biden und betont die Bedeutung der transatlantischen Beziehungen. "Ich freue mich auf die Zusammenarbeit mit Präsident Biden", twittert Regierungssprecher Steffen Seibert als Merkels Reaktion. "Unsere transatlantische Freundschaft ist unersetzlich, wenn wir die großen Herausforderungen dieser Zeit bewältigen wollen."

19.00 Uhr - Bundespräsident Frank-Walter Steinmeier gratuliert Biden zum Wahlsieg. "Mit Ihrer Präsidentschaft verbinden sich die Hoffnungen unzähliger Menschen, weit über die Grenzen Ihres Landes hinaus, auch in Deutschland", teilt er in einem Glückwunsch mit. "Sie stehen für ein Amerika, das um den Wert von Allianzen und Freunden, von Verlässlichkeit und Vertrauen weiß."

18.41 Uhr - Die demokratische Kandidatin für die Vize-Präsidentschaft, Kamala Harris, verbreitet auf Twitter https://twitter.com/KamalaHarris/status/1325126733482385409?s=2

0 ein Video, in dem sie freudestrahlend am Handy erklärt: "We did it, Joe" ("Joe, wir haben es geschafft").

18.33 Uhr - Mit Joe Bidens Wahlsieg beginnt in den USA nach Ansicht der Vorsitzenden des Repräsentantenhauses, Nancy Pelosi, eine neue Zeit der Hoffnung. Biden habe einen "historischen Sieg" errungen, erklärte die Demokratin am Samstag: "Heute beginnt ein neuer Tag der Hoffnung für Amerika." Biden werde vom ersten Tag seiner Präsidentschaft an bereit sein, den Herausforderungen des Landes zu begegnen. Er werde die Coronavirus-Pandemie eindämmen und sich für eine bessere Gesundheitsversorgung einsetzen, sagte Pelosi. Die Amerikaner hätten mit Biden jemanden gewählt, der ohne Unterlass arbeiten werde, um das Land zu einen und der die Werte "Glauben, Familie und Gemeinschaft" hochhalte, erklärte Pelosi./

18.31 Uhr - Biden will sich einem Mitarbeiter zufolge nach 20.00 Uhr (Ortszeit US-Ostküste; 02.00 Uhr MEZ) an die Nation wenden.

18.23 Uhr - Ein Berater des iranischen Präsidenten, Hessameddin Aschena, schreibt auf Twitter, die Iraner hätten "tapfer gegengehalten, bis dieser Feigling gegangen ist".

18.15 Uhr - Bundesfinanzminister Olaf Scholz spricht von der Chance, "ein neues und spannendes Kapitel in den transatlantischen Beziehungen aufzuschlagen". Die USA blieben der wichtigste und engste Partner Europas, schreibt https://twitter.com/OlafScholz/status/1325121035826425856 er auf Twitter.

18.10 Uhr - Der Transatlantik-Koordinator der Bundesregierung, Peter Beyer, erwartet mit Biden eine Kehrtwende in den transatlantischen Beziehungen. "Wir werden einen US-Präsidenten haben, der wieder an Europa interessiert ist und uns nicht auseinanderbringen will", sagt Beyer im Reuters-Interview in einer ersten Reaktion auf Bidens Sieg bei der Auszählung der Stimmen. Er sei sich nun sicher, dass Biden nächster US-Präsident werde. Daran würden auch die zu erwartenden rechtlichen Auseinandersetzungen nichts mehr ändern, sagt der CDU-Politiker.

18.04 Uhr - Bundesaußenminister Heiko Maas erklärt auf Twitter https://twitter.com/HeikoMaas/status/1325122295715737600, Deutschland freue sich auf die Zusammenarbeit mit der nächsten US-Regierung. "Wir wollen in unsere Zusammenarbeit investieren, für einen transatlantischen Neuanfang, einen New Deal."

17.54 Uhr - Biden erklärt in einer ersten Reaktion auf Twitter er sei geehrt. "Vor uns liegt harte Arbeit", schreibt er weiter. "Aber ich verspreche Ihnen Folgendes: Ich werde ein Präsident für alle Amerikaner sein."

17.47 Uhr - Trump schreibt in einer Erklärung: "Die simple Tatsache lautet: Diese Wahl ist noch lange nicht vorbei." Sein Wahlkampfteam werde am Montag juristische Schritte einleiten. Biden stelle sich fälschlicherweise als Sieger dar, hieß es weiter, ohne Belege für einen etwaigen Betrug zu liefern.

17:24 Uhr - Der Demokrat Joe Biden hat laut CNN den Bundesstaat Pennsylvania und damit die US-Präsidentschafswahl gewonnen

17.04 Uhr - Einem Mitarbeiter von Biden zufolge bereitet sein Wahlkampfteam eine Rede vor für die möglicherweise beste Sendezeit heute. Die Hoffnung sei, dass bis dahin das Rennen entschieden sei.

16.08 Uhr - Der deutsche Chef der internationalen OSZE-Wahlbeobachtermission für die US-Präsidentenwahl, Michael Link, sieht die Entwicklung mit "allergrößter Sorge". Es beginne nun eine kritische Phase, in der das Ergebnis bekanntgegeben werde, sagt

Link in einem Interview mit der Funke Mediengruppe. "Der amerikanische Präsident hat eine große Verantwortung dafür, ob es in den Vereinigten Staaten ruhig bleibt. Ich weiß nicht, ob ihm das klar ist", sagt der FDP-Bundestagsabgeordnete mit Blick auf das Verhalten von Amtsinhaber Donald Trump. Er könne nur hoffen, dass Trump Berater habe, "die ihm deutlich sagen, wenn er verloren hat".

15.37 Uhr - Trump kündigt für 17.30 Uhr MEZ in Philadelphia im US-Bundesstaat Pennsylvania eine Pressekonferenz seiner Anwälte an. "Große Pressekonferenz heute in Philadelphia", schreibt er auf Twitter.

14.33 Uhr - Bundesfinanzminister und SPD-Kanzlerkandidat Olaf Scholz begrüßt eine US-Präsidentschaft des Demokraten Biden. Es gebe mit Biden eine gute Möglichkeit, zum Multilateralismus zurückzukehren, sagt Scholz in der "Financial Times". "Wir haben so viele Herausforderungen vor uns, aber wir können damit sehr viel erfolgreicher umgehen mit einem Präsidenten Biden", wird Scholz zitiert.

08.56 Uhr - Biden weitet laut dem Datenanbieter Edison Research seinen Vorsprung in Georgia aus. Dieser beträgt nun 7248 Stimmen. Noch ist die Auszählung aber nicht abgeschlossen.

04.54 Uhr - Biden kündigt an, ab seinem ersten Amtstag einen Plan zur Kontrolle der Coronavirus-Epidemie umsetzen zu wollen. "Wir können in den kommenden Monaten viele Leben retten", sagt er. Nach seiner Darstellung verlangsamt sich die wirtschaftliche Erholung in den USA. Biden erwähnt in seiner Rede Trump nicht beim Namen.

04.49 Uhr - Biden zeigt sich bei einer Ansprache siegessicher. Er werde die Wahl in Pennsylvania, Georgia und Arizona gewinnen und sei auf dem Weg, mehr als 300 Wahlleute zugesprochen zu bekommen. Zusammen mit seiner Vize-Präsidentschaftskandidatin Kamala Harris habe er bislang mehr als 74 Millionen Stimmen bekommen - mehr als jedes andere Wahl-Team in der Geschichte des Landes.

03.38 Uhr - Biden baut seinen Vorsprung in dem bei der Wahl besonders wichtigen Bundesstaat Pennsylvania (20 Wahlleute) aus: Der Datenanbieter Edison Research schreibt ihm nun einen Vorsprung von 27.130 Stimmen zu. Demnach kommt er auf 49,6

Prozent und Trump auf 49,2 Prozent. Ausgezählt sind 96 Prozent der Stimmen.

03.03 Uhr - In Arizona rückt Trump etwas näher an Biden heran. Dieser liegt dem Datenanbieter Edison Research zufolge noch mit 29.861 Stimmen vorn. Nach Auszählung von 97 Prozent der Stimmen führt Biden demnach mit 49,6 Prozent vor Trump mit 48,7 Prozent.

02.35 Uhr - Auch über den zweiten Senatssitz in Georgia muss dem Datenanbieter Edison Research zufolge per Stichwahl am 5. Januar entschieden werden. Dabei werde der republikanische Amtsinhaber David Perdue gegen den Demokraten Jon Ossoff antreten. In dem Staat findet bereits ein Stechen statt, bei dem der Demokrat Raphael Warnock die Republikanerin Kelly Loeffler aus dem Amt drängen will. Die Abstimmungen könnten darüber entscheiden, ob die Demokraten die Macht in der Kongresskammer und damit im ganzen Parlament übernehmen. Im Repräsentantenhaus haben sie ihre Mehrheit verteidigt.

00.08 Uhr - In North Carolina liegt Trump dem Datenanbieter Edison Research zufolge bei der laufenden Zählung mit 50,0 Prozent der

Stimmen vor Biden, der bislang auf 48,6 Prozent kommt. Ausgezählt sind demnach 98 Prozent der Stimmzettel.

00.01 Uhr - Der Chef der Münchner Sicherheitskonferenz, Wolfgang Ischinger, ruft Europa dazu auf, einem möglichen neuen US-Präsidenten Joe Biden die Hand zu reichen. "Der Mann braucht Hilfe, er braucht von uns Europäern ein Angebot", sagte Ischinger am Freitagabend bei "Bild Live". "Er wird dieses Amt ja nicht aus einer Position der Stärke antreten können." Ischinger erwartet für Biden eine schwierige Amtszeit, einen ihm feindselig gegenüberstehenden republikanischen Senat und ein gespaltenes Land. Der ehemalige deutsche Botschafter in Washington lobte Bidens außenpolitische Kompetenz: "Joe Biden war über Jahrzehnte hinweg ein Senator, der sich insbesondere auch mit Außenpolitik befasst hat. Er ist ein außenpolitischer Networker par excellence: Der kennt alle. Er kennt auch die wichtigsten deutschen Politiker aus den 80er, 90er, 00er Jahre und auch der aktuellen Zeit."

V. Wahlergebnis:

US-Wahl Newsblog: Ex-Präsident Bush - Ergebnis der Wahl ist klar[7]

Der Demokrat Joe Biden hat sich bei der US-Präsidentenwahl den Sieg über Amtsinhaber Donald Trump gesichert. Den Berechnungen großer US-Sender und Datenanbieter zufolge wird Biden der 46. Präsident der USA. Der Republikaner Trump wollte sich aber noch nicht geschlagen geben. Es folgt ein Ticker zu den jüngsten Entwicklungen mit Angaben in mitteleuropäischer Zeit (MEZ):

---

[7] Vgl. https://www.boerse-online.de/nachrichten/aktien/us-wahl-newsblog-ex-praesident-bush-ergebnis-der-wahl-ist-klar-1029778221

18.41 Uhr - Der ehemalige Präsident George W. Bush - ein Republikaner - spricht von einer "grundsätzlich fairen" Wahl, deren "Ergebnis klar" sei. Er habe Biden angerufen und ihm zum Sieg gratuliert, erklärt Bush. Trump habe das Recht, Neuauszählungen zu beantragen und Klagen einzureichen.

16.07 Uhr - Grünen-Chefin Annalena Baerbock spricht sich gegen deutsch-amerikanische Sonderbeziehungen aus. Damit die EU auf Augenhöhe mit den USA sprechen könne, solle man ganz auf europäisch-amerikanische Beziehungen setzen, sagt sie in Potsdam. Engere Absprachen mit Washington seien etwa bei Klima, Digitalisierung, Gesundheit und einer "global gerechten Handelspolitik" nötig. Die Wahl von Joe Biden sei "ein wahnsinnig wichtiges Signal für die internationalen Beziehungen."

13.32 Uhr - Ungarns Ministerpräsident Viktor Orban hat Joe Biden zu dessen Wahlsieg gratuliert und ihm nach Angaben seines Regierungssprechers auf Twitter "gute Gesundheit und anhaltenden Erfolg in der Erfüllung der Pflichten von außerordentlicher Wichtigkeit" gewünscht. Orban pflegte enge Kontakte zu dem noch amtierenden US-Präsidenten Donald Trump.

10.50 Uhr - Irans Präsident Hassan Ruhani fordert von der neuen US-Regierung eine Wiedergutmachung von Trumps Fehlern. "Trumps Schaden anrichtende Politik wurde vom amerikanischen Volk abgelehnt. Die nächste US-Regierung sollte die Gelegenheit nutzen und die Fehler aus der Vergangenheit wieder gutmachen", wird Ruhani von iranischen Staatsmedien zitiert. Trump hatte das internationale Atomabkommen mit dem Iran 2018 aufgekündigt und Sanktionen gegen das Land wieder eingeführt, die die Wirtschaft massiv belasten. Biden hat zugesagt, dem Abkommen von 2015 wieder beitreten zu wollen.

09.55 Uhr - Palästinenser-Präsident Mahmud Abbas gratuliert Biden zu seinem Wahlsieg und deutet die Wiederaufnahme der diplomatischen Beziehungen zu den USA an. Er freue sich auf die Zusammenarbeit mit Biden und seiner Regierung, um das Verhältnis zwischen den USA und den Palästinensern zu stärken. "Und um Frieden, Unabhängigkeit, Gerechtigkeit und Würde für unser Volk zu erlangen." Des Weiteren wolle er sich für Frieden, Stabilität und Sicherheit in der Region einsetzen. Nachdem Trump Jerusalem als Hauptstadt Israels im Dezember 2017 anerkannt hatte, hatte Abbas die Beziehungen zu den USA abgebrochen.

07.15 Uhr - Israels Ministerpräsident Benjamin Netanjahu gratuliert Biden zu seinem Wahlsieg. Er freue sich auf die Zusammenarbeit mit der neuen US-Regierung, um die besondere Beziehung der beiden Länder weiter auszubauen. "Joe, wir pflegen seit fast 40 Jahren eine lange und warmherzige persönliche Verbindung und ich kenne Dich als guten Freund Israels", schreibt er auf Twitter. Netanjahu dankte aber auch Trump. "Danke für die Freundschaft, die Du Israel, aber auch mir persönlich entgegengebracht hast." Unter anderem würdigte Netanjahu die Anerkennung Jerusalems als Hauptstadt Israels durch Trump.

02.53 Uhr - Die Arbeit müsse damit beginnen, die Coronavirus-Pandemie unter Kontrolle zu bringen, sagt Biden weiter. Am Montag werde er dazu eine Gruppe von Wissenschaftlern und Experten zusammenstellen. Er werde keine Mühen scheuen, die Pandemie zu bekämpfen.

02.40 Uhr - Biden verspricht, ein Präsident zu sein, der das Land einen und nicht spalten wird. Als ein Ziel nennt er, dass die USA in der Welt wieder respektiert werden. An die Anhänger von Trump gerichtet sagt er, er verstehe ihre Enttäuschung. Er habe selbst manche Niederlagen einstecken müssen. "Lasst uns gegenseitig eine Chance geben", sagt er. Es sei Zeit, die harschen und hitzigen Worte hinter sich zu lassen.

02.31 Uhr - Die Siegesreden von Joe Biden und seiner auserkorenen Vize-Präsidentin Kamala Harris beginnen. Harris tritt zuerst auf und bedankt sich bei den Wählern. Diese hätten Hoffnung und Einheit, Anstand, Wissenschaft "und ja, Wahrheit" gewählt. "Obwohl ich die erste Frau in diesem Amt bin, werde ich nicht die letzte sein", sagt die zukünftige Vize-Präsidentin.

01.15 Uhr - Mexikos Präsident Andres Manuel Lopez Obrador hat sich zurückhaltend zum Erfolg von Joe Biden bei der US-Präsidentschaftswahl geäußert. Er könne einem Wahlsieger erst dann gratulieren, wenn alle rechtlichen Verfahren im Zusammenhang mit der Abstimmung abgeschlossen seien, sagt Lopez Obrador. Ein solches Vorgehen sei "politisch klug". Er habe sowohl zu Amtsinhaber Donald Trump als auch zu Biden ein gutes Verhältnis.

00.30 Uhr - Das Wahlkampfteam von US-Präsident Donald Trump gibt eine Klage wegen des Ablaufs der Wahl in Arizona bekannt. Einigen Wählern im Kreis Maricopa seien von Wahlhelfern fehlerhafte Anweisungen zur Bedienung der Wahlmaschinen gegeben worden, heißt es in der Klageschrift. Diese Fälle könnten entscheidend für den Ausgang der Abstimmung im dem Bundesstaat sein, der elf Wahlleute stellt. Eine Stellungnahme von US-Wahlsieger Joe Biden oder den örtlichen Behörden liegt nicht vor. Dem Datenanbieter Edison Research zufolge liegt Biden bei der noch laufenden Auszählung in Arizona knapp vor Trump.

VI. Wahlbetrug:

Massiver Wahlbetrug in den USA[8]

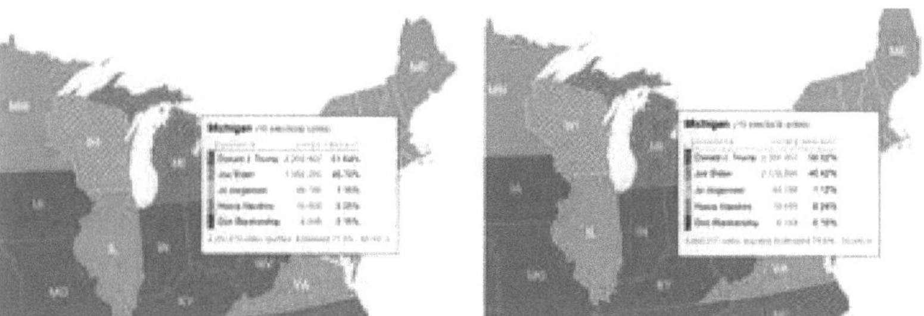

Warum erhält Joe Biden 100% aller neu ausgewählten Stimmen und 4 weitere Kandidaten 0,00%?

Nach der Schließung der Wahllokale in den USA und den ersten Auszählungsergebnissen zeichnete sich ein klarer und praktisch nicht einholbarer Wahlsieg für Donald Trump ab. Dieser verkündete vor wenigen Stunden seinen Wahlsieg in einer Pressekonferenz. Allerdings zeigen sich viele offenkundige Wahlmanipulationen, die Trump beim obersten Gericht der USA zur Anzeige bringen will. Auf Twitter sprach er unter anderem davon, daß Wahlstimmen nach Schließung der Wahllokale auftauchten.

---

[8] Vgl. https://www.extremnews.com/nachrichten/weltgeschehen/b42717e8ad62f9d

Auch der preisgekrönte investigative Journalist Oliver Janich konnte zwischenzeitlich klare Beweise für einen klaren Wahlbetrug zu gunsten Joe Bidens ausmachen, die er auf seinem Telegramkanal veröffentlichte.

Im Bundesstaat Michigan zeigt sich eine widersinnige Entwicklung der ausgezählten Stimmen. Die erste Veröffentlichung erfolgte als 4.261.878 Stimmen gezählt wurden. Die Stimmen verteilten sich wie folgt:

Kandidat	**Stimmen**	**Prozent**
Donald J. Trump	2.200.902	51,64%
Joe Biden	1.992.356	46,75%
Jo Jorgensen	49.198	1,15%
Howie Hawkins	10.559	0,25%
Don Blakenship	6.549	0,15%

Michigan (16 electoral votes)

Bei der nächsten Veröffentlichung waren 4.400.217 Stimmen ausgezählt worden, also 138.339 mehr als bei der vorherigen Auszählung. Die Stimmen verteilten sich dann wie folgt:

Kandidat	**Stimmen**	**Prozent**
Donald J. Trump	2.200.902	50,02%
Joe Biden	2.130.695	48,42%
Jo Jorgensen	49.198	1,12%
Howie Hawkins	10.559	0,24%
Don Blakenship	6.549	0,15%

Michigan (16 electoral votes)

Es zeigt sich, daß obwohl 138.339 Stimmen mehr ausgezählt wurden einzig und allein der Kandidat Joe Biden Stimmen erhielt (100%). Es wurde also keine einzige Stimme auf einen der 4 anderen Kandidaten verteilt. Dies ist realitätsfern und deutet auf eine klare Wahlmanipulation hin. In diesem Zusammenhang äußerten sich auch bereits viele Wahlbeobachter aus den USA in Sozialen Medien, die über massive Behinderungen bei den

Wahllokalen sprachen und eine Beobachtung der Wahl stark eingeschränkt war. In Wayne County wurden Wahlbeobachter ausgesperrt und alle Fenster mit Papkartons verhängt. Donald Trump rief vor der Wahl dazu auf, dass die Bürger die Wahl diesmal beobachten sollten.

Ein urplötzlicher Anstieg von Wählerstimmen zugunsten von Joe Biden zeigt sich überdies in vielen kritischen Bundesstaaten. Aufgrund dieser unlogischen Stimmvermehrung für Biden, forderte Donald Trump zwischenzeitlich den Stopp der Auszählung und möchte dies gerichtlich erwirken. Ebenfalls in Michigan verschwanden 5.000 Stimmen für Trump. Diese waren erst ausgezählt und berechnet worden, verschwanden bei einem neu veröffentlichten Zwischenstand plötzlich.

Weggeworfene Stimmzettel?

Weiterhin berichten viele Aktivisten und Journalisten über ein Phänomen, dass viele kritische Beiträge, die sich mit möglichen Wahlmanipulationen beschäftigen, schnell zensiert werden. So wurden auch Berichte mit Bildern von weggeworfenen Wahlboxen mit Stimmen mehrfach gelöscht. Dies wird unter anderem auch durch die aktuelle Ausgabe des Focus bestätigt. Offenbar wurden 27 Prozent aller Briefwahlzettel in Südflorida verloren.

Fundsache Biden Stimmzettel

Auf der anderen Seite tauchen seit vielen Stunde teils Millionen neuer Stimmzettel auf, die allesamt zugunsten Bidens gehen oder für demokratische Kandidaten. Dies berichtet Donald J. Trump auf Twitter. Wobei bisher rätselhaft ist woher diese Stimmen kommen. Insbesondere da diese gerade in jenen Bundesstaaten auftauchen, in denen Trump knappe Mehrheiten vor Biden aufweist.

1,8 Millionen Geisterstimmen im Umlauf

Der Präsident der Überwachungsgruppe "Judical Watch", Tom fitton, hat zwischenzeitlich, durch eine Vergleichsstudie der Bevölkerungsstatistiken des Zensusbüros (Census Bureau) und der staatlichen Wählerregisterdaten veröffentlicht. Diese zeigt eine erhebliche Abweichung auf. In der Studie ist zu lesen, dass es in 352 US. Bezirken in 29 Staaten, insgesamt 1.800.000 mehr registrierte Wähler als wahlberechtigte Bürger im wahlberechtigten Alter gab. Das bedeutet, dass diese Bezirke über 100% der wahlberechtigten Wähler aufweisen. Die Studie zeigt somit das in 8

Bundesstaaten eine Registrierungsrate von über 100% vorhanden ist. Diese Staaten sind: Alaska, Colorado, Maine, Maryland, Michigan, New Jersey, Rhode Island und Vermont.

Defekte Wahlcomputer

Der Wahlbeobachter Mike Coudrey berichten auf Twitter über defekte Wahlcomputer in Scranton, Pennsylvania. Dort wurden Wähler angewiesen trotzdem zu wählen und ihre Wahlergebnisse würden dann nachträglich gescannt.

BREAKING: Elections workers are now claiming voter machines are down in Scranton, Pennsylvania. Worker says voters can fill out a ballot and they will scan it later when the machines are back up *□#Election2020 pic.twitter.com/p9xgsSukfl — Mike Coudrey (@MichaelCoudrey) November 3, 2020*

Unverhältnismäßige Ergebnisse

Aus dem Bundesstaat Wisconsin liegt ein Bericht eines Wahlbeobachters vor. Er berichtet darüber, dass nachdem 94% aller Stimmen ausgezählt wurden 47,4% auf Biden entfielen. Daraufhin wurde die Auszählung pausiert. Nach der Wiederaufnahme der Auszählung und dem zählen eines 1% mehr, also 95% der

Stimmen, entfielen auf einmal 49,4% auf Biden. Dies deutet auf eine völlig unwahrscheinliche Auszählung hin. Um mit nur einem Prozent der Stimmen einen solchen großen Sprung Bidens zu schaffen, müsste Biden 77,6% aller Stimmen dieser Auszählung erhalten haben. Das selbe Phänomen wurde auch im Bundesstaat Michigan beobachtet.

Wisconsin: I just did a quick calculation after 94% of votes Biden had 47,4% and now with 95% of votes he has 49,4% which is statistically nearly impossible. Taking the actual votes this would mean that 77,6% voted for Biden after restart counting. pic.twitter.com/83L7w0YBJL — Alex - $TRIATHLONJOOSI (@AlexJoos3) November 4, 2020

Ungezählte Wahlzettel werden privat mit nach Hause genommen

Die Anwältin Sidney Powell retweetete zwischenzeitlich über Twitter, dass ungezählte Wahlzettel im Bundesstaat Virginia privat nach Hause mitgenommen werden um dort ausgezählt zu werden.

The Virginia vote counters have decided to call it a night and... GET THIS... They took the uncounted ballots HOME WITH THEM. Of course, they won't be doing anything nefarious in the privacy of their homes where NO ONE CAN STOP THEM. — □□□Justice□□□Text TRUMP to 88022 (@JusticeMAGA) *November 4, 2020*

WHAT?????!! □□□ https://t.co/C9V5Yghkh8 — Sidney Powell □□□□□(@SidneyPowell1) *November 4, 2020*

Im Original sagte Donald Trump folgendes:

We are up BIG, but they are trying to STEAL the Election. We will never let them do it. Votes cannot be cast after the Polls are closed! — Donald J. Trump (@realDonaldTrump) *November 4, 2020*

Quelle: ExtremNews / Twitter

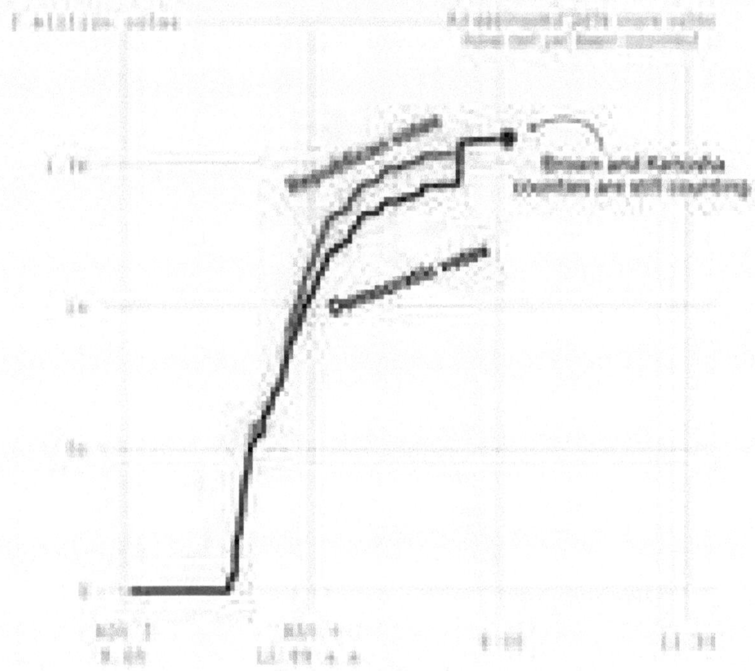

Woher kommen die abnormalen Stimmensteigerungen zugunsten von Joe Biden in Wisconsins?

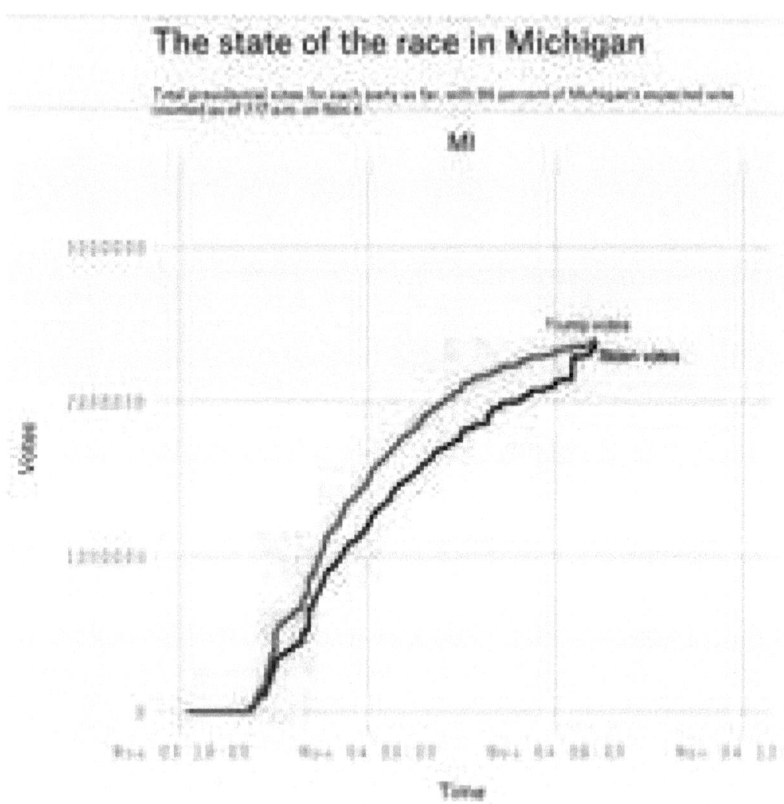

Woher kommt der plötzliche Anstieg von Stimmen für Biden in Michigan?

Wahlboxen mit Stimmzetteln für Donald Trump

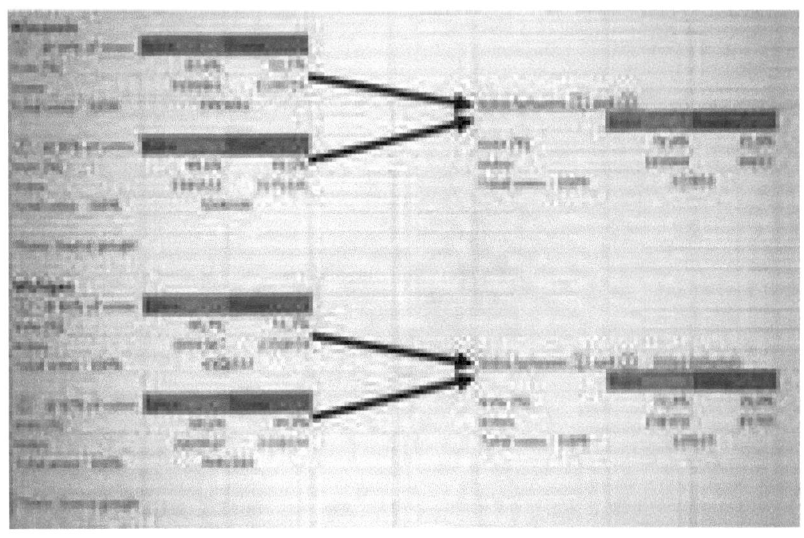

Bei Auszählung von 1% der Stimmen erhält Biden staat rund 40-50% auf einmal 77,6%?

VII. Vorwürfe:

Donald Trump unterstellt Demokraten Wahlbetrug: Was ist an den Vorwürfen dran?[9]

Obwohl Joe Biden von US-Medien zum Sieger der Wahl gekürt wurde, gibt Donald Trump nicht auf. Sein Appell, gegen vermeintlichen Wahlbetrug zu kämpfen, findet bei Fans Gehör.

- Joe Biden setzt sich in der Präsidentschaftswahl gegen Donald Trump durch.
- **Trump** wirft den **Demokraten Wahlbetrug** vor - stimmen die Anschuldigungen?
- Alle News zu Donald Trump und zur US-Wahl 2020 im Überblick

Washington - Es zeichnete sich seit Tagen ab, am Samstag meldeten die US-Medien schließlich: Joe Biden gewinnt die **US-Wahl** und wird nächster **Präsident der Vereinigten Staaten**. **Donald Trump** will sein Amt jedoch nicht so schnell aufgeben. Bereits in der Wahlnacht am Dienstag (3.11.2020) beanspruchte er den Sieg. Auch für seine Unterstützer:innen ist die Wahl noch lange nicht vorbei.

[9] Vgl. https://www.fr.de/politik/usa-us-wahl-2020-donald-trump-wahlbetrug-betrug-joe-biden-republikaner-pennsylvania-stimmen-auszaehlung-briefwahl-90094051.html

Den Demokraten um **Joe Biden** unterstellt **Trump** in den entscheidenden Staaten **Wahlbetrug**. Was ist an den Vorwürfen des Noch-Präsidenten dran?

Donald Trump und seine Unterstützer:innen fürchten, dass ihm die Wahl „gestohlen" wird.

US-Wahl 2020: Donald Trump unterstellt Demokraten und Joe Biden Wahlbetrug

Donald Trump, sein Anwalt **Rudy Giuliani** und zahlreiche Unterstützer:innen des Amtsinhabers kämpfen dafür, dass der 45. Präsident der USA doch noch im Amt bleiben kann. Auch sein Sohn Donald Trump Jr. ruft zum „totalen Krieg" auf. Quasi seit

Wahlkampf-Beginn ließ **Trump** keine Gelegenheit aus, deutlich zu machen, dass er nicht verlieren könne. Eine Niederlage werde nur durch vehemente Betrugsversuche der **Demokraten** zu erklären sein. Vorwürfe, dass man ihm die Wahl „stehle" entfachten zahlreiche Demonstrationen außerhalb von Auszählungszentren.

In **Philadelphia** (**Pennsylvania**), wo sich die **US-Wahl** letztlich entschied, sollen republikanische Wahlbeobachtende keinen Zutritt erhalten haben, um die Auszählung zu kontrollieren, behauptete Giuliani in einer Pressekonferenz am Samstag (7.11.2020). Weil ihnen das „Recht auf eine Inspektion" der Stimmzettel verwehrt wurde, plane man mehrere Klagen. Tatsächlich mussten die Beobachtenden lediglich Abstand einhalten, der aufgrund der Corona-Pandemie vorgeschrieben war.

Auch die Anzahl der Beobachtenden wurde kontrolliert. Gegen ihre Anwesenheit an sich ging man nicht vor, wie „The Philadelphia Inquirer" überprüfte. Ein Beobachter wurde an der Tür eines Wahllokals in **Philadelphia** zwar abgewiesen, jedoch nur wegen eines Missverständnisses. Kurz darauf gewährte man ihm Zutritt. Auch die Behauptungen von **Donald Trump**, dass die **Demokraten** die Stimmen in **Pennsylvania** selber auszählen lassen, sind falsch. Diese Aufgabe übernehmen die Countys des Bundesstaats - viele von ihnen sind in republikanischer Hand.

US-Wahl 2020: Wahlbetrug in entscheidenden Staaten? Donald Trump mit Vorwürfen gegen Demokraten

In pro-**Trump** gerichteten Online-Foren kursieren mehrere Videos, die als Beweise für **Wahlbetrug** herhalten sollen. **Donald Trump** selbst spricht von „schlimmen Dingen", die in Auszählungszentren vor sich gehen. Ein Video aus **Atlanta** (**Georgia**) soll einen Wahlhelfer zeigen, der einen Zettel zerknüllt und wegwirft. Selbst **Donald Trump Jr.** retweetete das Video als vermeintlichen Beweis für Wahlbetrug. In einer Pressekonferenz klärte der Wahldirektor im Fulton County, Richard Barron, über die Situation auf: Wählende würden oft die Anweisungen zu ihren Stimmzetteln dazulegen. Der Wahlhelfer arbeitete an einer Station, an der die Umschläge voneinander getrennt werden. Zu keinem Zeitpunkt sei es ihm möglich gewesen, einen Stimmzettel zu entnehmen, erklärt Barron. Das Video ging dennoch viral. Der Wahlhelfer sah sich nach Drohungen gezwungen, unterzutauchen. Berichte über einen ähnlichen Vorfall in Pennsylvania wurden von örtlichen Behörden dementiert.

Trumps Anwalt **Rudy Giuliani** verbreitete die Idee, dass die Auszählung in **Pennsylvania** gestoppt wurde, als **Trump** mit 51 zu 46 Prozent in Führung lag. Die „krumme Demokraten-Maschine hat aufgehört, zu zählen“, schrieb der ehemalige Bürgermeister von New York und unfreiwillige Borat-Star auf Twitter. Die Stadt Philadelphia dementierte das Gerücht. Es kam lediglich zu Verzögerungen in der Übermittlung.

US-Wahl 2020: Donald Trump wittert Wahlbetrug in Pennsylvania - Briefwahl verhalf Joe Biden zum Sieg

Weil **Joe Biden** in **Pennsylvania** einen großen Vorsprung aufholen konnte, zweifeln **Trump** und seine Wählerschaft an der Rechtmäßigkeit der Briefwahl, die dem Demokraten zum Ende hin Hunderttausende Stimmen einbrachte. Trump hatte das Briefwahlverfahren im Vorfeld der **US-Wahl** wiederholt als unsicher und anfällig für **Wahlbetrug** bezeichnet. Viele seiner Gegner:innen blieben den Wahllokalen aufgrund der **Corona-Pandemie**, die Trump herunterspielte, fern. Dass die Briefwahlstimmen, die in Pennsylvania erst zum Schluss ausgezählt wurden, überwiegend zugunsten von Biden ausfielen, ist dementsprechend.

Wie ein Faktencheck der „BBC“ fand, hat **Donald Trump** seit April 70 Tweets über die **Briefwahl** und vermeintlichen Betrug geschrieben. Seine Vorwürfe, die Briefwahl sei für **Wahlbetrug** anfällig, erwiesen sich als haltlos. Beweise für eine Manipulation des Verfahrens gibt es keine. Das System wurde aufgrund der **Corona-Pandemie** zwar deutlich häufiger genutzt als bei je einer **US-Wahl** zuvor, vollkommen neu und unerprobt ist es jedoch nicht.

US-Wahl 2020: Wahlbetrug in den USA? Republikaner und Donald Trump mit schweren Vorwürfen

Auf der anderen Seite haben **Donald Trump** und die **Republikaner** zahlreiche Versuche unternommen, die demokratische Wählerschaft einzuschüchtern. Im August kündigte der **US-Präsident** an, Polizei in Wahllokale entsenden zu wollen, um vermeintlichen **Wahlbetrug** zu verhindern. Der Post hatte er im Zuge seiner Kritik an der **Briefwahl** die finanziellen Mittel entzogen. In vielen Wahlbezirken, vor allem mit hohen Anteilen an Schwarzen und Latinx, müssen Wählende oft stundenlang warten oder strikte Kriterien erfüllen, um ihre Stimmen abgeben zu dürfen - eine

Vorgehensweise, die in den **USA** bereits vor **Trump** Anwendung fand.

Im größtenteils demokratischen Harris County in Texas versuchten Republikaner, 117.000 „Drive-In"-Stimmen für verfassungswidrig erklären zu lassen. Nach der **US-Wahl** am 3. November forderte **Trump**, die Auszählung der Stimmen in wichtigen Staaten zu stoppen, als **Biden** ihn zu überholen drohte. Klagen von **Donald Trump** und seinem Anwalt **Rudy Giuliani** gegen den Ausgang der US-Wahl werden ins Nichts führen - der Rückstand zu **Joe Biden** ist mittlerweile zu deutlich.

VIII. Tippfehler:

100.000 BIDEN-STIMMEN EIN „TIPPFEHLER“

Massiver Wahlbetrug in USA?[10]

Auf die USA kommen turbulente Zeiten zu: Die Trump-Kampagne hat in mehreren Bundesstaaten Klagen eingereicht und spricht von massivem Wahlbetrug. Joe Biden erklärte sich – wie Donald Trump – zum Wahlsieger.

In der Wahlnacht war Donald Trump in den Swing States Wisconsin und Michigan mit 120.000 und 300.000 Stimmen vorne gelegen, ehe die Auszählung aus unerklärlichen Gründen abrupt gestoppt wurde. Dann tauchten über Nacht mehrere hunderttausend Stimmen auf – alle für Joe Biden.

„Das ist ein Betrug gegen das amerikanische Volk“, sagte Trump schon in der Wahlnacht. „Wir waren auf dem besten Weg zum Wahlsieg. Wir werden den Obersten Gerichtshof anrufen. Wir

[10] Vgl. http://www.pi-news.net/2020/11/massiver-wahlbetrug-in-usa/

wollen, dass die Abstimmung beendet wird. Nicht dass sie um 4 Uhr morgens plötzlich irgendwo noch Stimmen finden."

Und so kam es auch. In Michigan erschienen plötzlich 138.339 Stimmen – alle für Joe Biden, keine einzige für Donald Trump. Nachdem mehrere Beobachter darauf hingewiesen haben, behauptete die Wahlbehörde von Michigan, es sei „ein Tippfehler" gewesen.

In Wisconsin gab es auch eine plötzliche Injektion von Biden-Stimmen. Selbst die CNN-Moderatoren konnten ihr Erstaunen über den plötzlichen Vorsprung des demokratischen Kandidaten kaum verbergen.

In Wisconsin hat die Trump-Kampagne bereits eine Nachzählung beantragt, in Michigan, Pennsylvania und Georgia reichte sie Klagen ein. In Detroit (Michigan) wurde republikanischen Wahlbeobachtern der Zugang zum Auszählungszentrum verwehrt, Republikaner wurden unter dem Applaus der demokratischen Mitarbeiter hinauseskortiert, die Fenster anschließend verbrettert.

In Arizona sammelten sich wütende Trump-Anhänger vor dem Wahlzentrum in Maricopa County und verlangten, dass ihre

Stimmen ausgezählt werden. Sie skandierten „Schande Fox News!" weil der konservative Sender vorzeitig Arizona als Biden-Sieg ausgewiesen hatte. Dem republikanischen Abgeordneten Paul Goslar wurde der Zugang zur Auszählung verwehrt.

In New York und Portland gab es gewalttätige linksradikale Ausschreitungen. In Portland wurde die Nationalgarde einberufen. In Washington DC wurde die schwarze Trump-Aktivistin Bevelyn Beatty, der schwarze Proud-Boys Chef Enrique Tarrio und zwei weitere Mitglieder der patriotischen Proud Boys mit Messern verletzt.

IX. Patriotisch:

Liveblog zur US-Wahl: George W. Bush dankt Biden für „patriotische Botschaft“[11]

- Die USA haben gewählt: Joe Biden wird der neue Präsident der USA.
- Durch die Siege in den Bundesstaaten Pennsylvania und Nevada kommt er auf 279 Stimmen der Wahlmänner.
- Wie geht es jetzt weiter? Alle Informationen und Entwicklungen rund um die US-Wahl finden Sie hier im Liveblog.

Washington/Berlin. Die Präsidentschaftswahl in den USA ist im vollen Gange. Wir begleiten Sie durch die Nacht und den Tag in unserem Newsblog.

Alle Beiträge zur US-Wahl 2020 finden Sie auf unserer Themenseite.

[11] Vgl. https://www.rnd.de/politik/us-wahl-2020-live-george-w-bush-dankt-biden-fur-patriotische-botschaft-TMTBXAPF2NCWRPF2MAGAJQSSDM.html

Das Wichtigste in Kürze:

- Joe Biden ist laut übereinstimmenden Medienberichten zum neuen US-Präsidenten gewählt.
- Die Staaten Arizona, Nevada, Pennsylvania, North Carolina und Alaska haben die Auszählung aber noch nicht beendet.
- Trump kündigte bereits an, die Wahl nicht anerkennen zu wollen.

Der aktuelle Stand der Auszählung

Empfohlene redaktionelle Inhalte

An dieser Stelle finden Sie externe Inhalte von **dpa ElectionsLive** , die unser redaktionelles Angebot ergänzen. Mit dem Klick auf "Inhalte anzeigen" stimmen Sie zu, dass wir diese und zukünftige Inhalte von **dpa ElectionsLive** anzeigen dürfen. Damit können personenbezogene Daten an Drittplattformen übermittelt werden.

George W. Bush dankt Biden für "patriotische Botschaft"

Der frühere US-Präsident George W. Bush hat die Wahl vom Dienstag als fair und korrekt abgelaufen bezeichnet. Das amerikanische Volk könne darauf vertrauen, dass die Abstimmung im Wesentlichen fair gewesen sei - „deren Integrität wird bewahrt werden, und das Ergebnis ist eindeutig". Egal wie die Bürgerinnen und Bürger abgestimmt hätten, ihre Stimme sei gezählt worden. Präsident Donald Trump habe zwar das Recht, Nachzählungen zu beantragen und vor Gericht Einwände zu erheben. Aber jetzt sei die Zeit, „in der wir zusammenkommen müssen, zum Wohl unserer Familien und Nachbarn, zum Wohl unserer Nation und ihrer Zukunft".

Bush sagte, er habe mit dem gewählten Präsidenten Joe Biden gesprochen und ihm für die „patriotische Botschaft" gedankt, die der Demokrat am Samstagabend nach seinem Wahlsieg an das Volk richtete. Auch wenn er und Biden politisch unterschiedliche Meinungen hätten, so wisse er, dass Biden „ein guter Mann ist, der seine Chance gewonnen hat, unser Land zu führen und zu einen".

Joe Biden: Ich werde der Präsident aller Amerikaner sein

Der Sieger der US-Wahl Joe Biden hat versprochen, Präsident aller US-Amerikaner zu sein. „Ich verspreche, ein Amerikaner zu sein, der nicht danach strebt zu spalten, sondern zu einen", sagte der Demokrat Biden bei seiner ersten Rede nach Bekanntgabe seines Sieges in seiner Heimatstadt Wilmington (Delaware) am Samstagabend (Ortszeit).

„Lasst uns uns gegenseitig eine Chance geben", sagte er mit Blick auf Wähler von Präsident Donald Trump. Er könne ihre Enttäuschung nachvollziehen, sagte Biden, auch er habe einige Male verloren. Doch seien Anhänger der jeweils anderen Partei keine Gegner, sondern ebenfalls Amerikaner. Er werde so hart für die arbeiten, die ihn nicht gewählt hätten, wie für die, die ihn gewählt hätten.

Als wichtigste Aufgaben seiner Präsidentschaft nannte Biden die Eindämmung der Coronavirus-Pandemie, daneben den Kampf gegen Rassismus und den Klimawandel und die Verteidigung der Demokratie. „Es ist die Ehre meines Lebens, dass so viele

Amerikaner für meine Vision abgestimmt haben. Und jetzt werden wir diese Vision Realität werden lassen", sagte Biden.

- **Botschaft der Einheit: Joe Biden will Präsident aller Amerikaner...**

  Nach seinem Sieg bei der Präsidentenwahl in den USA ruft Joe Biden die Nation zur Einheit auf. „Ich verspreche, ein Präsident zu sein, der danach strebt, nicht zu spalten, sondern zu einen", sagt Biden in seiner Siegesrede.

Joe Biden bereitet den Einzug ins Weiße Haus vor

Während der gewählte Präsident Vorkehrungen für seinen Amtsantritt trifft, ist unklar, wie sich das Team des amtierenden Präsidenten Trump verhalten wird.

- **Biden arbeitet schon an der neuen Regierung - wird Trumps Team k...**

  In den nächsten Tagen will der künftige Präsident Arbeitsgruppen gründen, die die Machtübertragung vorbereiten. Werden Trumps Mitarbeiter kooperieren?

Biden besucht Familiengrab

Einen Tag nachdem sein Sieg bei der Präsidentschaftswahl verkündet worden ist, hat Joe Biden mit seinem Enkel Robert 'Hunter' Biden und seiner Schwiegertochter Hallie Biden den Friedhof der St. Joseph on the Brandywine Curch besucht. Dort liegen seine Frau Neilia, sein Sohn Beau und seine Tochter Naomi begraben.

Berlusconi: Arroganz hat Trump den Sieg bei der US-Wahl gekostet

Der frühere italienische Ministerpräsident Silvio Berlusconi glaubt, dass Donald Trump die US-Präsidentenwahl unter anderem verloren hat, weil er zu aggressiv und zu arrogant war. „Ich denke, dass er bei diesen Wahlen auch wegen seiner Haltung gelitten hat, die oft zu aggressiv und oft zu arrogant war", sagte Berlusconi am Sonntag dem italienischen TV-Sender Rai. Über Wahlsieger Joe Biden sagte der 84-Jährige, dass dieser mit seiner Absicht, ein Präsident für alle Amerikaner zu sein, „gut für uns alle" sein könnte.

Schwarzer Politiker Clyburn fordert Trump zur Aufgabe auf

Das ranghöchste schwarze US-Kongressmitglied, Jim Clyburn, hat Präsident Donald Trump zum Eingeständnis der Wahlniederlage aufgerufen. Er solle die Präsidentschaft dem gewählten Präsidenten Joe Biden zugestehen, forderte Clyburn am Sonntag bei CNN. Allerdings sei es nun wichtiger, was der Rest der Republikanischen Partei mache. Die Grand Old Party habe eine Verantwortung und er beobachte genau, ob sie nun Haltung zeigen „und uns helfen wird, die Integrität dieser Demokratie zu bewahren".

Während der demokratischen Vorwahlen hatte Clyburn sich auf Bidens Seite geschlagen, als der in South Carolina antrat. Dort gewann Biden denn vor allem wegen der Unterstützung durch schwarze Wählerinnen und Wähler - der Sieg gab ihm Aufwind und half ihm letztlich, sich gegen alle anderen demokratischen Präsidentschaftsbewerber durchzusetzen. Zwar sei das Feld voller guter Kandidaten gewesen, sagte Clyburn mit Blick auf seine Entscheidung, aber er habe geschlussfolgert, „dass Joe Biden unsere beste Chance war".

Steinmeier: "Amerika hat sich entschieden. Darin liegt Deutschlands Chance"

Wie Bundespräsident Frank-Walter Steinmeier den Wahlsieg von Joe Biden einordnet, lesen Sie hier.

- **Steinmeier zur Wahl von Joe Biden: „Nutzen wir die Chance“**

  Bundespräsident Frank-Walter Steinmeier sieht den Sieg des nun gewählten US-Präsidenten Joe Biden als Chance. Die Beziehung zwischen Deutschland und den USA könne jetzt erneuert werden. Unter Präsident Trump hatte das Verhältnis stark gelitten.

  www.rnd.de

Irische Stadt Ballina: Heimatort von Bidens Vorfahren feiert Wahlsieg

Die Familie des gewählten US-Präsidenten Biden hat Wurzeln in Irland - genauer in der Stadt Ballina. Dort ist der Jubel nach seinem Wahlsieg groß.

- RedaktionsNetzwerk De

  -

Irische Stadt Ballina: Heimatort von Bidens Ururgroßvater feie…

Dass Joe Biden zu Besuch in der irischen Stadt Ballina ist, kommt nur noch selten vor. Trotzdem feiert der Ort den Sieg des Demokraten bei der US-Wahl besonders: Denn dort lebte dessen Ururgroßvater vor fast 200 Jahren. Ein Cousin der Bidens hofft jetzt auf eine Einladung ins Weiße Haus zur Amtseinführung.

Trump weiter unzufrieden: Kritik an Medien zu Bidens Wahlsieg

Nach einem weiteren Tag auf dem Golfplatz äußert Donald Trump Kritik an den Medien, weil sie Joe Biden zum Gewinner der Präsidentschaftwahl in den USA erklärt haben.

○

Trump: „Seit wann bestimmen die Lamestream-Medien, wer Präsident…

US-Präsident Trump ist unzufrieden, nachdem er die Präsidentschaftswahl verloren hat. Nun richtet sich seine Kritik gegen die Medien, die am Samstag Joe Biden zum Sieger erklärt hatten. Er spricht weiter von „Betrug" bei der Stimmauszählung, ohne Beweise vorzulegen.

Wähler und Termine: Wer wählt wen und wann?

Wie wählen die USA ihren Präsidenten? Das amerikanische Wahlsystem ist komplex und für Außenstehende mitunter schwer zu verstehen. Hier erklären wir, wie die Präsidentschaftswahl abläuft.

VIDEO

Das US-Wahlsystem hat seine Tücken.

2:33 min

Am 3. November wird der nächste US-Präsident gewählt – aber das Wahlsystem bringt einige Schlupflöcher mit sich.

US-Wahl 2020: Wann gibt es ein Ergebnis?

Auch wenn der 3. November der offizielle Wahltag ist, dauert es bis zu zwei Monate, bis das Endergebnis feststeht. Grund dafür ist, dass es sich bei den amerikanischen Präsidentschaftswahlen nicht um eine direkte Wahl handelt. Stattdessen bestimmen die Bürgerinnen und Bürger Wahlmänner und Wahlfrauen, das sogenannte Electoral College. Diese Wahlleute wählen den Präsidenten 41 Tage nach der offiziellen Wahl, in diesem Jahr also am 14. Dezember.

Erste Ergebnisse und Hochrechnungen sind natürlich schon in der Wahlnacht vorhanden. Diese basieren auf Befragungen nach der Wahl und können als Prognose von den Medien veröffentlicht werden. In Deutschland sind erste Zahlen am 4. November gegen 1 Uhr nachts zu erwarten. Wer die Wahl gewonnen hat, steht hierzulande in der Regel nicht vor 5 Uhr morgens fest.

VIDEO

Biden baut Vorsprung in Georgia aus

1:43 min

Die Auszählung dauert noch an. Wenn Biden Georgia holt, könnte Trump maximal noch einen Gleichstand von 269 zu 269 Wahlleuten erzwingen.

ZUM THEMA

- 

    - US-Wahl 2020
    - RND Interview
    - Religion

US-Soziologe: „Wenn Trump jetzt gewinnt, heißt der Präsident ab 2024 immer noch Trump“

•

- US-Wahl 2020
- Donald Trump
- Joe Biden
- Coronavirus
- USA
- Wahlen

Schon 58,6 Millionen US-Bürger haben gewählt

-

  - US-Wahl 2020
  - Donald Trump
  - Republikaner

Trumps Partei droht ein „Blutbad“: Auch die Mehrheit im Senat steht auf dem Spiel

Welche Rolle spielen Swing-States bei der Wahl im November?

Empfohlene redaktionelle Inhalte

An dieser Stelle finden Sie externe Inhalte von **NDR**, die unser redaktionelles Angebot ergänzen. Mit dem Klick auf "Inhalte anzeigen" stimmen Sie zu, dass wir diese und zukünftige Inhalte von **NDR** anzeigen dürfen. Damit können personenbezogene Daten an Drittplattformen übermittelt werden.

Weitere Hinweise finden Sie in unseren Datenschutzhinweisen.

Swing-States spielen bei amerikanischen Präsidentschaftswahlen traditionell eine wichtige Rolle. Da in diesen Bundesstaaten viele Wahlmännerstimmen zu holen sind, das Ergebnis aber meist sehr knapp ausfällt, sind Swing-States besonders hart umkämpft. Welche Rolle sie bei der US-Wahl 2020 spielen, erklären wir hier.

X. Entschieden:

„-Achtung: Nach meinen neusten Geistigen Informationen ist die Wahl in den USA noch nicht entschieden! Es wird sich noch 3 Monate hinziehen! Vielleicht wird das ja noch was? Aber liebe Freunde, es ändert sich nichts für euch! Während Ihr wegen dem Trump fiebert und hofft und bangt, erlassen eure Regierungen Gesetze um Gesetze, um EUCH dauerhaft einzusperren und zu entrechten! Merkt ihr das denn nicht? Da wird auch der Trump nichts ändern! Und auch Qanon nicht! Schaut um euch selbst hier! MEINE BOTSCHAFT an euch ist nicht, Trump oder Biden! Sie lautet: Ihr müsst etwas tun, ihr müsst etwas verändern. Jeder Einzelne selbst steht in der Verantwortung für sein eigenes Leben! Nicht immer auf andere warten, es nicht immer anderen überlassen."[12]

[12] Vgl. https://www.geistheiler-sananda.net/blog-aktuell/

„-Achtung: *Ja, mich beschäftigt das alles auch sehr, mit diesem Wahlbetrug! Warum hat Trump das korrupte Wahlsystem nicht während seiner Amtszeit geändert? Warum war er auf den Betrug nicht vorbereitet? Oder, war er es? Nun, die Welt, also die Menschen mit Seele – alle Anderen sind nur Roboter, können nicht mehr denken -, werden nun immer mehr erkennen, dass sie in einer Welt voller Lug und Betrug leben! [...] Wir werden von einer Horde geisteskranker Reptos verarscht, belogen, verhöhnt, unterdrückt, bedroht, eingesperrt, entrechtet! Selbst Trump wird noch erfahren, wie dunkel der Rest der Menschheit schon ist! Lieber Leser, du wirst 24 Stunden am Tag angelogen! Und diejenigen, die dir die Wahrheit sagen wollen, werden dann als Betrüger und Lügner hingestellt! SIE haben UNS total in der Hand! SIE bestimmen ALLES! Warum ist das so? [...] Ich möchte niemandem Angst machen, darum werde ich viele Dinge NICHT sagen, die auf uns zukommen werden! [...] Liebe Menschen, passt auf euch auf! Es wird hart! Die Anderen, die, die nicht so sind wie DU, die werden dein grösstes Problem werden! Sie werden Corona verteidigen bis aufs Blut! Sie wollen Corona! Corona wird ihre neue Religion! Sie wollen, dass es Corona gibt! Sie halten sich daran fest! Und du wirst du ihrem Feind werden, wenn du nicht mitspielst! Du wirst sie noch kennenlernen, die Zombies da draussen, die Anderen! Und, du wirst eines Tages feststellen, dass du mit NIEMANDEM mehr wirst reden können da draussen! Wir werden alle sehr einsam werden! Viele werden verzweifeln! Es wird so sein, dass wir wenige Weizenkörner in einem Meer aus Sandkörnern sein werden!"*[13]

[13] Vgl. https://www.geistheiler-sananda.net/blog-aktuell/

„*<u>-Achtung:</u> Ja, wir leben in der Endzeit! Ich sage es seit Jahren […], dass wir in einer Reptowelt leben. Ich habe unzählige Male gesagt, dass wir von Elementalwesen regiert werden, die unsere Zerstörung wollen! SIE wollen alles Göttliche vernichten! Ich habe unzählige Male von den Verleumdungen, Diffamierungen, Blockaden, Angriffen, Verfolgungen AUF ALLEN EBENEN […] berichtet. Ihr könnt nun live jeden Tag hautnah miterleben, wie die Medien das mit Trump genauso machen, oder mit den Demonstranten gegen die Corona-Verordnungen, oder mit sonstigen Andersdenkenden! […] Alles was passiert, MUSS passieren, und ist so gewollt! Vieles wird nun zerstört werden, aber es wird auch vieles aufgedeckt werden! Die dunkle kalte Rasse, samt ihren Sklaven, den Grauen, werden nun ALLE ihnen möglichen Mittel einsetzen, um ihren Untergang noch aufzuhalten. […] Er ist es aber nicht mehr! […] Alles, was nun noch passieren wird in den nächsten Jahren, dient nur dazu, dass die richtigen Menschen aufstehen, und ihr Gesicht zeigen dürfen. Es ist eine Chance für alle, die noch aufsteigen dürfen, und sollen, Flagge zu zeigen, und zu sich, und zur Wahrheit zu stehen! Dafür wird euch allen nun die Bühne geboten, das alles leben zu können! Die Endzeit ist unplanbar, für alle! Alles ist möglich! Das Ende steht jedoch längst fest! Das Ende ist ein neuer Anfang, auf einer neuen*

Erde! Letztendlich geht es nur darum, WER dabei sein wird, und wer mit den Reptos in einer unteren Dimension als Sklave der Dunkelheit, einen neuen Inkarnationskreislauf beginnen muss. Um das herauszufinden, um die Spreu vom Weizen zu trennen, wird den Menschen nun eine weltweite Bühne geboten! Die Richtigen sollen zu sich selbst finden, damit sie wieder zu Gott finden können! Dazu braucht es den Rahmen! Es kommen spannende Jahre auf uns zu! Die entscheidenden Jahre der Menschheit! Wo geht dein Weg hin? […] Letztendlich geht es um die Seelen der Menschen! Die Reptos wollen so viele wie möglich mitnehmen, in den Abgrund! Es geht nicht um dein physisches Überleben! Es geht um deine Seele, um dein Sein!"[14]

[14] Vgl. https://www.geistheiler-sananda.net/blog-aktuell/

Printed by Books on Demand GmbH, Norderstedt / Germany